Aforrimas

Aforismos y enseñanzas en versos

Aníbal Silvero

Aforrimas

Aníbal Silvero

Silvero Fernández, José Aníbal
    Aforrimas / José Aníbal Silvero Fernández. - 1a edición especial
- Posadas : José Aníbal Silvero Fernández, 2019.
    78 p.; 21 x 15 cm.

    ISBN 978-987-86-1734-3

    1. Aforismos. I. Título.
    CDD 398.9

Diseño de tapa: Jenny Wasiuk

Libro de edición argentina

El bienestar anímico es posible

si en los dones la atención mantienes

en vez de sufrir por lo que falta

agradece primero lo que tienes

Vivir es viajar por el espacio

con tiempo material que lo limita

aprovecha cada instante del paseo

pues puede ser que nunca se repita

Cada decisión en el camino

te insta a ser valiente o ser cobarde

toma el día como una cita con el destino

donde jamás conviene llegar tarde

El peor mal es la inconciencia

que se despeña en contumacias

El error es el caldo del averno

y la ignorancia es la peor de las desgracias

Para ejercitar el alma

se requiere adversidad

Y para ver las estrellas

se precisa obscuridad

Eres un poderoso imán de circunstancias

por afinidad acercas los eventos

magnetizas lo que te es afín

y atraes según tus pensamientos

El aquí y el ahora es coordenada

tomar conciencia es el incentivo

El mejor momento es el presente

Y la mejor edad de la vida es estar vivo

Hay una receta muy sencilla

que te dará bienestar todo el año:

haz distancia de lo que te perjudica

aléjate de lo que te hace daño

No hay felicidad mejor simple y sencilla

que la vivida libre de atavismo

Ni existe mayor fortuna

que estar en paz con uno mismo

Desprenderse es una forma inteligente

de alivianar la carga no bendita

se logra redireccionando la flecha

pues el ser da y el ego quita

Todo es dualidad en la materia

desde el momento que sale del Big Bang

Lindo y feo. Bueno y Malo.

Pena y dicha. Luz y sombra.

Ying y yang

Nada se pierde en su totalidad

pues la energía se transforma

Nadie desaparece cabalmente:

morir es cambiar de forma

El mundo verdadero no está afuera

lo descubres en el centro de tu centro

querubines, ángeles y tronos

y hasta los dioses están dentro

El Universo no castiga

solamente nos devuelve

El bien o mal que hacemos

se potencia en el tiempo y vuelve

Es por demás simple y sencilla

la norma de convivencia con los otros:

No hacer nunca a los demás

lo que no queremos que hagan con nosotros

Hay una sola raza: la humanidad

Una sola religión: la del reencuentro

Hay un solo Dios

Y está dentro

Lo que mucha gente ignora:

¿Para lograr ser feliz

cuál es el lugar y la hora?

El lugar es aquí y el tiempo es ahora

Un átomo se replica en una estrella

el camino al infinito es un atajo

la eternidad palpita en un segundo

y así como es arriba es abajo

Toda dimensión del Cosmos

se entrelaza y compenetra

Purgatorio, Infierno y Limbo

y hasta el Cielo está en la Tierra

Éxito no es jamás caerte

o no perder nunca una partida

el verdadero triunfo es renacerte

levantarte después de una caída

Podrás navegar galaxias

conocer miles de ciencias

Pero vayas donde vayas

te acompaña tu conciencia

Todo está unido y enlazado

desde un extremo hasta la punta

Nos reencontramos sin fin eternamente

La muerte no nos separa: nos junta

La vida es una ilusión

de la cuna al cementerio
un juego que algunos pierden
por tomarla tan en serio

En la peor adversidad

anida una maravilla

y en la más densa obscuridad

es donde la luz más brilla

Esta vida es una escuela

morir es cambiar de traje

del mundo nada se lleva

tan solo el aprendizaje

En ningún lugar del cosmos

ni en la más remota esquina

hay dicha sin sacrificio

ni una rosa sin espina

No hay lugar para los tibios

ni en el átomo ni en la estrella

o combatís la mentira

o formás parte de ella

Si respondes violento a quien te daña

la violencia irá allí subiendo

no levantas una alfombra si la pisas

y no te sanarás jamás hiriendo

Vivir es percibir esas monedas

que los Hados en el aire arrojan

Hay personas que meditan mientras llueve

y otras solo entienden que se mojan

Un error también hiere al autor

como si de un veneno en frasco se tratase

hace daño si se vierte afuera

pero daña también al propio envase

El mundo que vives es una escuela

aprender es la más valiosa ciencia

cuando pierdes absolutamente todo

no pierdes una cosa: la experiencia

Apuntas con el dedo índice al cielo

y otros cuatro señalan al abismo

Igual: lo que te molesta de los otros

debes buscarlo dentro de ti mismo

El mejor discurso son los hechos

La obra es la más válida influencia

es preferible enseñar con el ejemplo

a educar con miles de advertencias

Lo que llamas mala suerte está en tu mente

la enfermedad que piensas la contraes

si crees merecer la buena suerte

la buena suerte atraes

No importa cuál sea tu cadena

tu real fuerza será quien te liberte

No busques que tu carga sea liviana

sino que tu espalda sea más fuerte

Desconfía si es cómoda tu ruta

si tu viaje transcurre descansado

un camino fácil, confortable

seguro no te lleva a ningún lado

Sucede una victoria más gloriosa

luego de la lucha más cruenta

el arco iris sale tras la lluvia

y el sol después de la tormenta

Ten coraje de ser y nunca temas

en arrojar al mar una botella

apúntale a la luna y aunque falles

tu flecha volará hacia las estrellas

El mayor obstáculo que tienes

es la negatividad a la que adhieres

lo que eres no te pone trabas

sino lo que piensas que no eres

Todo hombre puede transformarse

no importa dónde ni cómo haya nacido

El Universo no elige iluminados

pero siempre ilumina a un elegido

Hay que avanzar creyendo en el destino

aunque al peldaño tu ojo no lo viera

Fe es dar un paso hacia delante

aunque no veas ruta ni escalera

La mejor muestra de afecto

se le da a una persona estando activa

reconócela, dile que la quieres

mientras viva, ahora, mientras viva

No seamos presos del recuerdo

el ayer siempre quiere aprisionarnos

el pasado nos trajo donde estamos

pero no debería encarcelarnos

La actitud ante la vida

debe ser el bastión de tu premisa

Busca con tu sonrisa transformar al mundo

antes que el mundo transforme tu sonrisa

Toda transformación es admisible

en el cosmos mutando están las cosas

Si la metamorfosis no fuera algo probable

tampoco existirían mariposas

Por una grata y afable relación

debe aprender a convivir la gente

dejar de una vez de hacer murallas

y comenzar a construir un puente

Muchas personas descuidan su presente

no hallan dicha en la eventualidad

se pierden pequeñas alegrías

esperando una gran felicidad

Lo sustancial no es la discusión

sino cómo respondiste a la querella

Lo importante no es la adversidad

sino cómo reaccionas ante ella

Para encontrar objetos diferentes

debes recorrer distinto trecho

Y para obtener lo que no obtuviste

debes hacer lo que no has hecho

Si hallas la felicidad acaso

no le debes a tus caras posesiones

ni al estatus, ni a títulos de bronce

sino a tus pensamientos y emociones

Aunque tu ser amado esté distante

con el arte capturas su atención

tal vez no le alcances con la mano

pero puedes tocar su corazón

Quien tiene fe en sí todo supera

y sale victorioso en cualquier sismo

la voluntad nos nace desde el centro

y la magia es creer en uno mismo

Si subes abnegado una montaña

no te lamentes si caes o resbalas

la mejor experiencia no es la cima

sino lo que te sucede cuando escalas

Hacer arte es hacerte perdurable

ya que tu fruto por siempre se propaga

no podrás vivir eternamente

pero puedes crear una obra que lo haga

Dar sin esperar nada a cambio

es el más certero aprendizaje

ser amado te da afecto

pero amar te da coraje

Una mentira será siempre una mentira

aunque sea por muchos aceptada

y una verdad es siempre una verdad

aunque que por miles sea negada

No te lamentes de nada que hayas hecho

poniendo alma, corazón y ser

sino de las cosas que por miedo

jamás te atreviste a hacer

Si quieres que te ayuden las deidades

no te sientes dejado en una silla

ningún dios asistirá tu viaje

si no te ve remando hacia la orilla

Más importante que el don que obtuviste

es impedir que lo tape el ego

no te juzgarán por la carta que te toque

sino cómo la usas en el juego

Hay que aprender a ser cooperativo

mejor resultado conseguirás así

Es preferible una persona trabajando contigo

que tres trabajando para ti

Se devalúa un hombre sin dinero

pero sin una meta aún es más pequeño

Es pobre quien no tiene un solo peso

pero es más pobre quien no tiene un sueño

Para poder disfrutar de este presente

debes hacer de cada instante algo especial

vivir como si fueras a morirte pronto

y aprender como si fueras inmortal

Un alma que aprendió a curarse

es más fuerte que la que jamás se ha herido
Y aquél que logra levantarse

es más grande que quien no se ha caído

Procura que las expresiones de tu boca

no sean ponzoñosas ni macabras

puede que al final de tu existencia

debas comerte todas tus palabras

Si te ladran los perros del camino

significa que estás en movimiento

y si tiran piedras a tu árbol

es que tus frutos están en crecimiento

Que el éxito no te enceguezca

ni la frustración opaque tu razón

que el triunfo no se te suba a la cabeza

ni el fracaso te llegue al corazón

Actúa por el éxito, no por el aplauso

pon lo mejor de ti aunque no trascienda

Trabaja sólo por la causa

y deja que el efecto te sorprenda

Con infinita modestia y autoestima

debes actuar humilde entre la gente

tal vez tu presencia no se note

pero verás cómo tu ausencia sí se siente

Procura desprenderte del apego

ten el natural asombro de un chiquillo

practica por tu bien el desapego

y aprende a ser feliz con lo sencillo

Hay que aprender a nadar contra corriente

navegar sin viento a tu favor

Si todos los caminos van a Roma

que tus caminos vayan al Amor

Es importante y casi imprescindible

entender que la vida es un espejo

lo que ves afuera y te rodea

es tu propio reflejo

Chacra 154 - Posadas - Misiones

REPÚBLICA ARGENTINA

jennywasiuk@gmail.com

Impreso en Posadas, Misiones – agosto de 2019

www.ingramcontent.com/pod-product-compliance
Lightning Source LLC
Chambersburg PA
CBHW031220160726
47992CB00006B/2825